『ジャック アンド ベティ』を
社会学的に読む

岩本　茂樹

目次

はじめに …………………………………… 5

I. こだわること ……………………………… 8
   コカ・コーラと社会学的関心……………………… 8

II. ジャック アンド ベティ ………………………16
   ジャック アンド ベティ世代 ………………………16
   時代を映しだす教科書………………………………19
   あこがれの『ジャック アンド ベティ』……………21
   英語教科書『ジャック アンド ベティ』誕生 ………29
   実際の『ジャック アンド ベティ』…………………35
   著者と学んだ生徒とのズレ…………………………39
   バイアスのかかった知覚……………………………43
   アメリカ漫画『ブロンディ』………………………45
   事前の社会化…………………………………………49
   戦後日本のアメリカニゼーション…………………52

おわりに ……………………………………56

あとがき ……………………………………58

はじめに

　1997年に、自由国民社編集部が「戦後生まれた流行語と新語から強力な印象を受け、今も記憶する『戦後語』」を、各年齢層合わせて500人を対象に選んでもらった結果、トップは「戦後」であったという（「天声人語」『朝日新聞』1997.11.15）。2位が「無責任」、3位が「エッチ」と続く新語や流行語は時代を映す鏡と言えるわけで、言葉を追えばそれだけで戦後史が語れるものでもある。しかし、トップになった「戦後」という言葉だけはある年を象徴的に示す言葉とはとうてい言えるものではない。現在もなお「戦後初めての試み」といった表現がされるように、「戦後」という言葉はピリオドを打つことなく現在進行形で綿々と続いている。にもかかわらず、その言葉が日常に埋もれることなくインパクトのある言葉として君臨しているのである。
　1929（昭和14）年生まれの女優の水谷良恵（現 水谷八重子）は1995年4月14日のNHKのスタジオパークにゲスト出演して、「新派なのに、ジャズを取り入れて歌って、踊られたのはどうしてなんですか？」というインタビューに対して、アメリカ・コンプレックスがあったことを述べながら、敗戦直後のアメリカ文化の衝撃がその後の演劇にまで大きな影響を与えたとして、次のように語る。

　　「それまですいとんを食べたりしていたのが、チョコレート、ガム、コーラが入ってきて、アメリカのものはすべて素敵と思えたんです。そこに、ドリス・デイが来て、彼女の歌声を聞いた時、ドキッとしました。」

戦中・戦後を歩んできた人々にとって、「戦後」は人生としては一つの連続でありながらも敗戦という大きな断層があって、そこからまたあらたな人生が築かれたと言うことであろう。それゆえに、「戦後」という言葉の背後には常にアメリカがつきまとう。

　もちろん、どの時代のどの時刻をとってもそこには人間の歴史の断面があるもので、そこから人間を理解する手がかりはあるのだが、その手がかりはなかなか見えにくいものである。そこで、鶴見俊輔は「1945年8月15日とそのあとの日にもどして、そこで見る時、日本の国の骨組、日本文化の骨組が、レントゲン写真で見るようにあざやかに見えるような気がする」(鶴見俊輔『思想の落し穴』)と、現代を読み解く鍵として敗戦直後を示唆する。鶴見の示唆に依拠し、今もなお「戦後」という言葉から脱し得ない現代日本の原風景ともいえる敗戦直後にスポットを当て、そこからアメリカの影を意識する現代日本を照射することによって、現代を理解する手がかりを探ろうというのが本書の目論みである。とりわけ、戦後日本の人々に大きな影響を与えたアメリカ、そのアメリカのどのような文化を受容したのか、に焦点を絞ってみることにしたい。そこにはアメリカの文化そのものすべてを受容したわけではなく、ある種偏ったアメリカ文化への憧れがあったのではないか、その偏ったアメリカ文化の捉え方がその後の日本の歩みの方向性となったのではないか、という予見が含まれている。そのことを明らかにする上で、敗戦直後に採用された中学英語の教科書『ジャック アンド ベティ』をとりあげ、検討することにしたい。

　さらに、本書はそのコンパクトな紙幅にもかかわらず、少々欲張ったもう一つの狙いを持っている。それは「社会学という学問への招待」である。社会学的なこだわりからスタートし、議論の展開の中で各ポ

イントごとに少し立ち止まって社会学理論に触れることにする。そのことによって、社会学への興味感心を抱いていただこうとするものである。

　この書が、懐かしい教科書名として郷愁を呼び起こす読者には『ジャック　アンド　ベティ』とその時代とのかかわりの中でもう一度自己を捉え返す機会となれば、そして『ジャック　アンド　ベティ』を知らない世代の読者には社会学への誘いとなれば幸いである。

こだわること

コカ・コーラと社会学的関心

　何かにこだわってしまうと、喉に骨が刺さったかのようにいつまでもそのことを引きずってしまうことがある。そうなると、なんとか自分なりに解決しないことにはすっきりできない。身近な恋愛問題はもとより、発明、研究にしてもこのこだわりが大きな推進力となって自己を突き動かす。これから述べようとする「『ジャック アンド ベティ』を社会学的に読む」にしても、そのようなこだわりから社会学的関心へと発展したものである。

　きっかけは、私個人の具体的な体験に結びついたコカ・コーラである。コカ・コーラと初めて出合ったのは、おそらく小学３年生［1960（昭和35）年］の春であったと思う。自治会の旅行で和歌山方面に向かっていた貸し切りバスがトイレ休憩のため土産物屋に立ち寄った。その時、私の家の斜め向かいで映画館を経営しているおばさんが飲み物を買っていた。おそらく私は物ほしげに見ていたのであろう。おばさんは「もう一本」と店員に言って、傍にいた私にその飲み物を手渡してくれた。

　当時、我家にはテレビもなく、一人っ子であった私は、好意から無料で観させてくれるこのおばさんの映画館に毎日のように通っていた。石原裕次郎や小林旭主演の日活映画から大人の社会を垣間見ていた。同じ映画を繰り返し観ながら、裕次郎と旭が演じる男としての考え方や行動を学んでいたわけである。まさに、G.H.ミード（G. H.

Mead,『精神・自我・社会』）が述べる「男」としての**役割取得**（role taking）がなされ、「男たるもの、強くなければならぬ」とする**一般的他者**（generalized other）像を築いていた。

　そのモデルを放映する映画館経営者のおばさんが差し出してくれた飲み物が、これまで目にしたこともない流線型のボトルに入ったコカ・コーラだったのである。興味津々一口飲んで、驚いた。「なんやこれ？　薬のような味！」。これがはじめて口にした時のコカ・コーラの体験である。それでも、ハイカラなおばさんが与えてくれたことと重なって、これが進んだ飲み物なのかと、口にした自分の背丈が少し伸びたように思ったものであった。その後、自らコーラを買い求めて飲んだのがいつ頃からであろうか、定かではない。しかし、高校時には、表面にいっぱい水滴がついたコカ・コーラの瓶がテレビ画面で映しだされ、栓を抜いた時の「シュワー」という快い音にあわせて流れる「♪スカットさわやかコカ・コーラ♪」のコマーシャルソングに導かれるように、「渇きイコールコカ・コーラ」として自然に手にしていた。

　「薬のような味」であったコカ・コーラを、どうして私が進んで飲むようになったのか、そして私という個人だけではなく、日本の人々にも愛されるようになったのか。不思議でならなかった。このこだわりが頭の片隅に消えることなくコカ・コーラの歴史を紐解かせる誘因となる。

　それまで、私のイメージの中にあるコカ・コーラは戦後のものとして刻まれていた。ところが、驚いたことに、コカ・コーラは戦前、しかも大正時代に、日本で飲まれていたのである（社史）。高村光太郎の処女詩集『道程』の中の「狂者の詩」に登場している。

吹いて来い、吹いて来い
　　秩父おろしの寒い風
　　山からこんころりんと吹いて来い
　　世は末法だ、吹いて来い
　　己の背中に、吹いて来い
　　頭の中から猫が啼く
　　何処かで誰かがロダンを餌にする
　　コカコオラ、THANK YOU VERY MUCH

　　銀座二丁目三丁目、それから尾張町

　　・・・中略・・・
　　コカコオラもう一杯

　また、1925（大正14）年5月1日、芥川龍之介が修善寺から文藝春秋社の佐々木茂索社長にしたためた手紙の中で、

　　酒飲まぬ身のウウロン茶、カフェ、コカコラ、チョコレェト、…

と、コカ・コーラが記されていることからも、当時の進歩的知識人にとって進んだ飲み物として愛好されていたのであろう。コカ・コーラもさることながら、芥川の書面にはハイカラな飲み物の一つに「ウウロン茶」も列挙されている。現在ではコカ・コーラよりもウーロン茶の方が多くの人々に受け入れられているわけで、そのウーロン茶が大正時代にすでに飲まれていたのかと、改めて驚かされる。

コカ・コーラを日本ではじめてアメリカより輸入、販売したのは明治屋であり、1919（大正8）年6月のことである。明治屋のPR誌『嗜好』（1919年6月号）は次のように宣伝している。

　　明治屋が今回始めて我日本に輸入したる
　コカコラタンサン　6オンス（二合）瓶
衛生的にも嗜好的にも最も
　　進歩せる世界的清涼飲料水
　明治屋が今夏季の販賣品として誇りを以て顧客各位に御紹介申上ぐるのは、實に此のコカコラタンサンであります。本品は今や全米國に於て諸種の卓上用飲料として到る處に非常の大流行をなしつつある沸騰清涼飲料水であります。
　・・・中略・・・
　本品の風味はコーヒーの如き香ばしい香を有し其上微に生姜の如き香と辛味とを含み尚少しく甘味を有し色合もコーヒーの如き色を呈して快よく沸騰します。酒宴の後又は晩酌に微醺を帶びたる時、又は極暑に心身の倦んだ時 氷に冷したる此のコカコラを用ゐれば心胸 忽まち滌ふが如く清爽の快謂ふべからざるものがあります。而も老幼方や御婦人のお口にも好まれ御酒を召上がらぬ下戸方の飲料としては、至って賞美すべき價値があります。誠に珍らしい一般的飲料であります。

　宣伝文に書かれた「衛生的にも嗜好的にも最も進歩せる世界的清涼飲料水」のコカ・コーラは当時の進歩的知識人にとって引きつけられる飲み物であったのであろう。しかし、明治屋の先駆的事

業も日本の人々に定着することはなかった。戦後日本に定着したジーンズとコカ・コーラについて、ジーンズが日本に入ったのが1922（大正12）年の関東大震災の折であって、「米国からの救援物資の中にあった」と述べる吉岡忍（吉岡忍『女の戦後史２　昭和30年代』）は、コカ・コーラについても次のように語る。

　　このころ、コーラも日本に入ってきている。のちに戦後の風俗を**象徴する**ことになるこのふたつの商品も、当時は、なんの話題にもならなかった。

　大正期に入ったコカ・コーラは進歩的知識人に飲まれたものの、日本に定着することなく、ジーンズと共にいったん日本の歴史から姿を消すのである。
　コカ・コーラが日本で再び登場するのは進駐軍と共に上陸した戦後である。日米親善野球として、1949（昭和24）年にサンフランシスコ・シールズがやってきた。『朝日新聞』10月16日付には、球場ではアメリカ食品の販売が許可されていて、

　　コカコラ、ホット・ドッグ、アイスクリーム、チョコレートが自由販売、金五十円也のコカコラをのんだり、ホット・ドッグに腹をふくらましては日米ファン仲良く観戦

との記事が掲載されている。さらにゲームの感想を書いた10月30日付の清水崑による記事「さよならゲーム」の冒頭文にも、一本五十円のコカ・コーラをお義理に一本飲んだものの、サイダーと何も違わな

かったとしながら、コカ・コーラを登場させている。続く31日付でも「こども天国」と題した掲載文に、シールズ監督のオドール・ディのプレゼントとして、

> コカコラが今日は小人半額の二五円ナリ。このサービスのおスソ分けにあずかって、二三百円がとこ仕込まれる大人もある。まずかっこうの家庭向きおみやげにはちがいない。

と、清水崑はコカ・コーラがアメリカを語る上でかかせないものとして対象化している。このことは、清水崑自身がコカ・コーラに強い感心を寄せていたかを物語ることもさることながら、庶民がいかに強くコカ・コーラを求めていたかという現象を示すものでもある。とにもかくにも、これらの記事から敗戦直後の日本の人々がどれほどコカ・コーラに対して注目していたかが読みとれる。

大正時代には民衆に受けいれられなかったコカ・コーラが、どうして新聞でとりあげられるほどまで強く人々を引きつけたのであろうか。さらに言えば、私にとって「薬のような味」として捉えられたコカ・コーラが、その好ましいとも思えない味覚のハードルを超えて、戦後の人々に受け入れられるようになったのであろうか。それも、友好的関係にあった大正時代には人々は受け入れず、鬼畜米英のスローガンのもとに戦って敗れた戦後すぐに敵国の飲み物に対して強い関心を示し、主体的に飲むようになったのか。敗戦直後のコカ・コーラへの羨望のまなざしがその後の日本でのコカ・コーラ定着を方向づけたがゆえに、そのこだわりは、さらに拡大されるのである。

それにしても、人間の味覚というものまでが時代や社会の中で変化

しうるものであろうか。もし、そうであるならば、日本の人々のアメリカに対する戦前、戦中、さらには戦後という大きな意識変化がこの「薬のような味」というハードルを超える現象に至ったといえるのではあるまいか。ただ、これは検証前のあくまでも仮説であり、推論の域を出るものではない。

　しかし、このような個人的な問題意識が立ち上がることによって、その個人的問題を歴史の中に位置づけながら問題の背後にある社会全体を問うことにつなげていこうとする営みへと醸成されていく。その面白さを引き出すのが社会学である。問題を時代の中に置き、比較することによって個人の持つ特異性がはがれて、その問題や現象が生じる社会が映しだされていくのである。ただ、コカ・コーラに関するこの仮説を検証するのには、大きな問題が立ちはだかる。大正時代に輸入されたコカ・コーラと1957（昭和32）年から日本で製造販売されたコカ・コーラではその味自体に違いがあるかもしれないという基本的な問題もさることながら、基礎となるべき資料である大正期におけるコカ・コーラに関する人々の声を拾集するにはあまりにも乏しすぎるということである。そこで、このようなアメリカの清涼飲料水であるコカ・コーラと個人的体験から生じた問題意識の水準を一段高めて、「同じものを見ても社会的背景が異なれば、そのまなざしや意識に大きな変化が生じるのではないか」に置き換えてみることにした。その視点から具体的な研究対象として、浮かび上がってきたのが敗戦直後に出版された中学英語の教科書『ジャック　アンド　ベティ』である。教科書『ジャック　アンド　ベティ』と、その教科書にかかわった人々の意識や相互作用をも描くことから、「戦後の日本の人々がアメリカ文化の何に目が注がれ、どのようなものを主体的に取り入れようとし

たのか」が明らかになるであろう。
　この企図が、コカ・コーラに対する日本の人々の意識の変化の解明をも含む大きなテーマである"戦後日本におけるアメリカニゼーション"へと結晶化していくのである。こだわりを持つこと、そしてその解明に向けた情熱こそが、社会学の扉を開ける大きな推進力であることを指摘し、本書のテーマである『ジャック アンド ベティ』へと進めていくことにしよう。

ジャック アンド ベティ

　ジャック アンド ベティ世代
　「…ゴルフ場買ったんだってな。新聞にでかでかと載っていたぞ」
　「ん？」
　「覚えているか？ヒー・プレイズ・ゴルフ」
　勝雄の顔が急に明るくなった。
　「そうか、Jack and Betty だな！」
　「うん、中学2年の」
　「ジャックの親父がやってたんだよ」
　「ゴルフってなんですかって、園田先生に聞いたら、クリケットみたいなもんだって」
　二人は声をあげて笑った。そばにいた由美が不思議そうな顔でふたりを見た。
　「それでますます分からなくなったんだ」
　「なんていうのかな。それ以来頭の中に、あのJack and Betty の世界がこびりついたんだ。まるでつきものみたいに…」

　この文は、小説『ジャック・アンド・ベティ物語 ―いつもアメリカがあった―』（今野勉・堀川とんこう）から引用したものである。この小説は終戦記念日にあわせるかのように、1992（平成4）年の8月10日、17日の2夜にわたってTBSテレビでも放映された。

戦後を馬車馬のように生き抜き、貿易商を営むにまでなった主人公の佐伯昭太郎は、アメリカに渡り、カリフォルニアにある名門ゴルフ場を買収する。アメリカの新聞記事には、「アメリカのスピリッツまで買うのか」との批判を受けながらも、昭太郎はなんとしても手に入れたかったのだ。そして、ずっと心にあった英語教科書『ジャック アンド ベティ』の主人公ジャックとベティの住むエヴァンストンへと向かう。ところが、思いを馳せたその地で昭太郎は反感を抱く暴漢に銃で撃たれ、病院に運び込まれる。引用した小説からの抜粋のシーンは、つきそう娘の由美と見舞いに訪れた弁護士をしている同級生勝雄との病院での会話である。昭太郎の中には『ジャック アンド ベティ』の世界がつきもののようにこびりついていた。その教科書で学んだ文"He plays golf."が焼きついていて、そのことがゴルフ場買収にいたった動機として語られる。1949（昭和24）年に中学英語の教科書『ジャック アンド ベティ』で学んだ主人公たちが、教科書からアメリカに対する強いあこがれを抱き、そして遠くにあったアメリカを超えようとする姿を描いた小説である。

　それにしても、素朴な疑問として過去を振りかえる中で、教科書が過去の思い出を語る材料として強く現われることがあるのだろうか。まして、このように教科書を題材とした小説を創作するに至る強いベクトルまでが形成され、テレビ放映に至るのは、『ジャック アンド ベティ』が当時の中学生によほど強いインパクトを与えた教科書であったということであり、かつそのような印象を共有する世代があったということであろう。

　私に置き換えてみれば、過去における失恋とその時流れていたユーミンの曲が重なりあうことがあっても、教科書のタイトルを耳にする

だけで郷愁に駆られることはない。しかし、2001年7月16日付『朝日新聞』「天声人語」で、論説委員が「中学の教科書を覚えていない、それで困ったことはない」と書いた為に、読者から異議を受けたことを吐露しながら再考した文を載せている。読者からの「そんなことでは困ります」との指摘に教科書への思いが深い人がいるものだと委員は反省する。そして、教科書には人によっていろいろな思い出があると悟り、「たかが教科書、されど教科書」の「たかが」を強調しすぎたと語る。教科書一つとっても、時と空間を共にして生活している我々の中に人それぞれさまざまな現実、すなわち多元的世界があるということを意味する。

　とにかく、戦後を振りかえる中で折にふれ当時を懐かしむものとして『ジャック アンド ベティ』を上げる人々があり、新たにそのタイトルを目にすることでその時代の郷愁を呼び覚ますという『ジャック アンド ベティ』世代というものが存在するのである。小説『ジャック・アンド・ベティ物語 ―いつもアメリカがあった―』の他に、ジャックとベティが50年後に再会すればいかなる会話が交されるかを描いた清水義範のパロディ小説『永遠のジャック＆ベティ』や、柳瀬尚紀の「『ジャック＆ベティ』の英語力で英語は読める。最強の教科書英語による英語講座」といった出版物が刊行されるのもそのような理由からであろう。小説『永遠のジャック＆ベティ』の解説の中で鶴見俊輔は次のように述べる。

　「自分の中に、小学唱歌が生きつづけているのに、おどろくことがある。小学校の全教科書のなかで、小学唱歌が、思想的にはもっとも大きな影響を私に対して、今ももちつづけている。

・・・中略・・・
　『ジャックとベティ』は敗戦直後の英語の教科書で、明治つくられた小学唱歌とはかけはなれた気分をもりこんでいる。英語は大正うまれ、昭和うまれの子どもにとって明治が理想であったように、戦後すぐの時代にとって、アメリカの精神がそれをつたわって日本人の心に入ってくる道すじであって、英語の教科書は戦後の理想をもりこむテキストであった。」

　戦前の子どもが小学唱歌に大きな影響を受けたように、戦後の子どもにとっては『ジャック アンド ベティ』の影響が大きかったこと、そして理想とするアメリカを学んだ生徒の精神に大きく影響を及ぼしたことを示唆する。現在にまでこの教科書で学んだ生徒たちの心を強く捉えるのは、単に敗戦という特別な状況による郷愁ではなく、この教科書を通して心に描かれた理想のイメージが焼き付いているからであろうか。精神を文化と読みかえて、鶴見俊輔の意見に添えば、次のような問題を設定することが可能であろう。『ジャック アンド ベティ』がアメリカの文化を伝える役割を果たし、そしてアメリカの文化が日本人の心に入ってくる道すじであったとするならば、『ジャック アンド ベティ』に描かれた内容と生徒の受けた印象を分析することで、アメリカのどのような文化を教科書に盛り込もうとしていたのか、かつ盛り込まれた文化から当時の生徒たちは何を読み取ったのかが明らかになるではないか。

時代を映しだす教科書
　開隆堂出版による『ジャック アンド ベティ』は、改訂版も含めて

10種類が出版されていた。1949年から1974年までの25年間が「ジャック系」のタイトルで出版され、1962年からは『ニュー プリンス リーダース』が開隆堂から並行して出版される。稲村は「プリンス系」の教科書は1986年の26年間に渡るわけで、中学英語教科書としては一年多いプリンス系の方が英語教育界に与えた影響は大きいと語る（稲村松雄、『教科書中心昭和英語教育史』）。私はちょうど並行時代にあった1965（昭和40）年に中学に入学していた。『ジャック アンド ベティ』にはほのかな思い出がある。1歳上の従兄弟から「英語の教科書は何？」と聞かれ、使っている教科書名（『ジャック アンド ベティ』を調べる中で『ニュー プリンス リーダース』を使っていたことが分かった）を答えると、「ふ〜ん。僕は『ジャック アンド ベティ』」と返され、人名のタイトルから漂うアメリカの香りとその響の良さに嫉妬を感じた。2つの教科書の平行時代にあるならば、新しいネーミングの教科書を持っている方が勝る気持ちを持てたであろうに、自分の教科書名すら忘れ従兄弟の教科書名を記憶しているということはその時代においても『ジャック アンド ベティ』のタイトル名がなお輝いていたということなのかもしれない。

　小説『ジャック アンド ベティ物語 ―いつもアメリカがあった―』では1949年の洋食器の町である燕町を舞台にしていることから、初版の教科書が使われていたことになる。この開隆堂出版『ジャック アンド ベティ』(1948)を開くと、主人公はJackとBetty いうアメリカの同世代の子どもであり、挿し絵もアメリカの生活を描いたものとなっている。

　ところが、図2の1944（昭和19）年に発行された戦中の英語教科書では、地図にしても国旗にしても日本のものである。また、人物につ

いても学ぶ生徒と同じように国民服を着ていて、起立、礼、着席という日本の道徳に結びついた規律・訓練が英語という教科にも反映されていることが読み取れる。また、一家だんらんを描くにしても卓袱台を囲んでの父親を中心とする家父長制を表わした挿し絵である。それゆえ、人物も"This boy is Taro.""Mr. Tanaka"と日本人名で表現されている。まさに、当時の神国日本を背景とした規範と生活習慣の内容が折り込まれた教科書であり、日本語の会話がただ英語に代えられたものにしかすぎない。

さらに、1994(平成6)年の英語教科書である図3では、「国際化」「異文化理解」といった社会的要請を反映してであろう、「この教科書のおもな登場人物」では岡久美を主人公としながらもアメリカ、イギリス、中国の人々が紹介されている。久美がアメリカからの留学生エミリーを家に招くために迎えに行き、"Welcome, Emily. I am Kumi."の会話文からスタートする。そして、すでに中国からきている留学生王(ワン)も交えたウエルカムパーティが盛り込まれ、夏には久美がアメリカに渡るといった国際的な結びつきを基軸とした構成になっている。このように、同じ英語を学ぶための教科書であっても、その教科書が創られた時代や、社会的背景によって内容も形式も大きく異なる。それだけに、単なる教科書とはいえ貴重な時代を映す鏡と言えるのである。

あこがれの『ジャック アンド ベティ』

実際に『ジャック アンド ベティ』の教科書を手にした当時の生徒たちは、どのような印象を抱いたのであろうか。当時の生徒たちが語

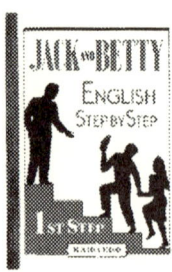

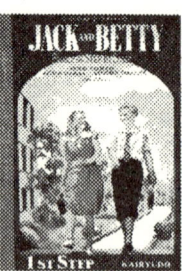

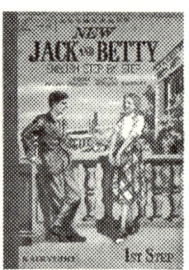

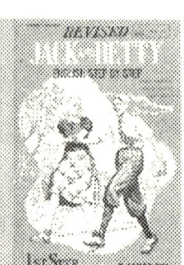

昭和.24～33年度用

昭和.26～33年度用

昭和.27～36年度用

昭和.29～36年度用

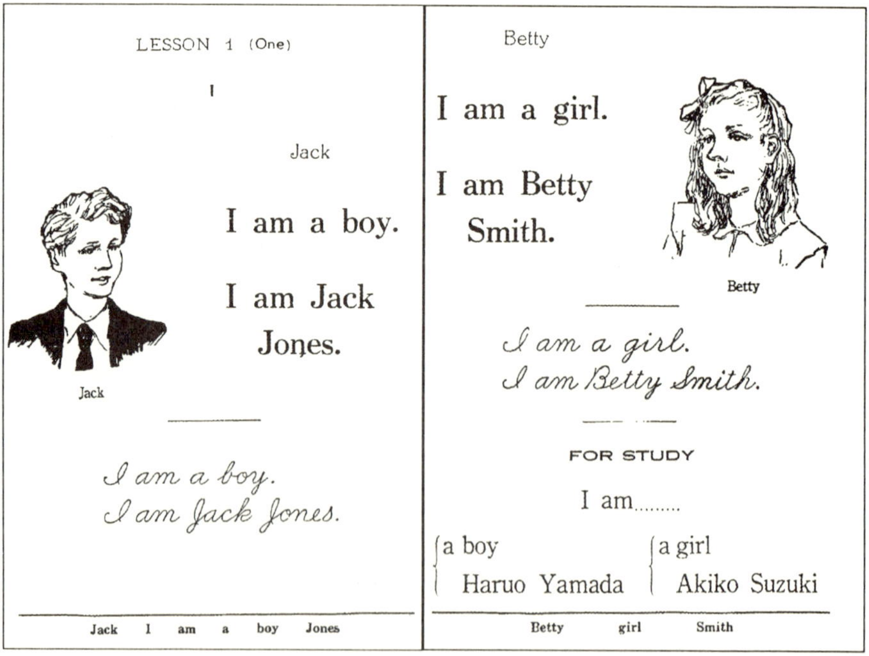
LESSON 1 (One)

I

Jack

I am a boy.

I am Jack Jones.

Jack

I am a boy.
I am Jack Jones.

Jack I am a boy Jones

Betty

I am a girl.

I am Betty Smith.

Betty

I am a girl.
I am Betty Smith.

FOR STUDY

I am.........

a boy / Haruo Yamada

a girl / Akiko Suzuki

Betty girl Smith

図 1　*Jack and Betty – English Step by Step*

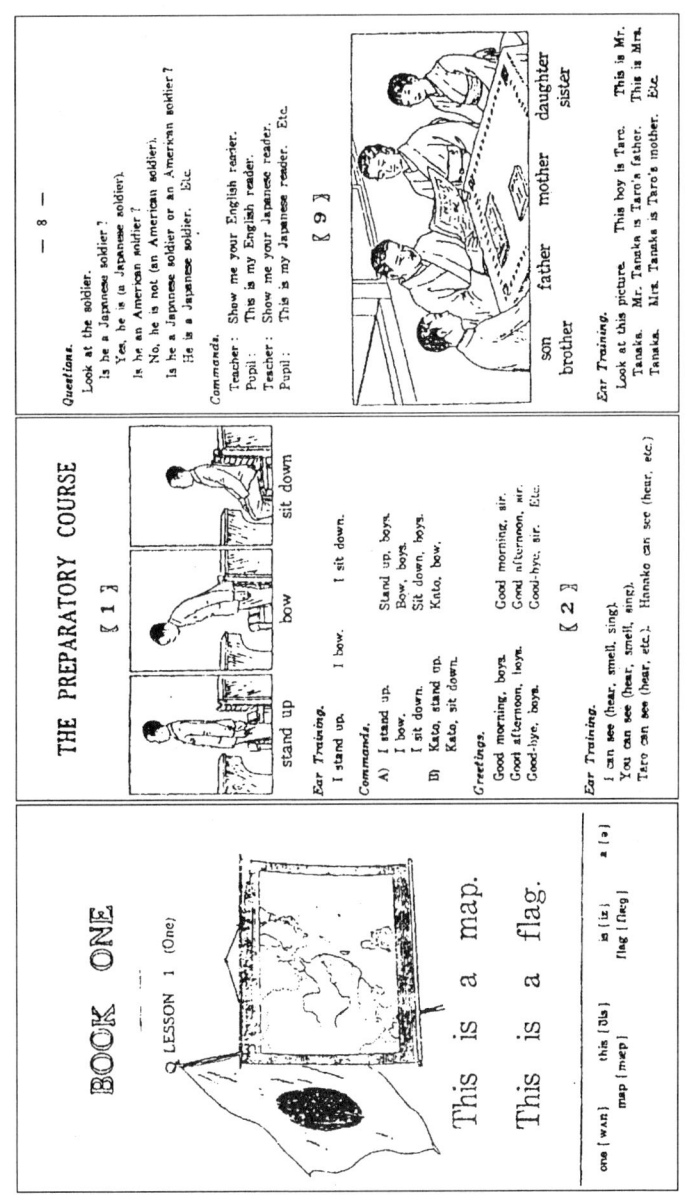

図2 『英語1 中学校用』中学校教科書株式会社 1944年

ジャック アンド ベティ　23

図3　Sunshine Ⅰ:Sunshine English Course 1　開隆堂出版 1994年

る『ジャック アンド ベティ』の印象を追ってみることにする。ただし、現代から振り返った記憶の中の印象でしかなく、当時の印象を再構成した印象と言わざるを得ない。しかし、時間の経過を経てなお現代に生き続いた印象とは、さまざまに抱く印象が結晶化された印象であり、当時強く焼きつけられた印象が意識の中で沈殿したものと言えなくもない。それゆえに、当時の生徒たちがこの教科書に描かれたアメリカのどのような面に目を注いでいたのかがより鮮明になるのではないか。

　まず、小説『ジャック アンド ベティ物語 ―いつもアメリカがあった―』の著者の一人であるTBSプロデューサーの堀川とんこうは、食べ物や車をあげながら「アメリカの豊かさ」にあこがれたと、次のように語る。

「学生生活も家庭生活も、僕らの目にはまぶしいほどに明るく輝かしく映った。もちろん、最初にこちらの目に飛び込んできたのは、生活の豊かさでしたけど、それだけじゃないものがあった。
　今と違って、友達の家に遊びに行ってもおやつにさつまいもが出ればいいほう、という時代でしたからね。それが、例えばBettyの家にはテニスコートがあって、おやつは紅茶とパイ。お父さんとお姉さんがそれぞれ車をもっているわけですね。いったいどういう生活なんだろうと、うらやましくも思い、あこがれもしました。」（開隆堂出版編『JACK and BETTY あの日あの頃』）

　翻訳家の小沢瑞穂にしても、描かれた家から、堀川と同じく「豊かな国アメリカ」をイメージ化している。

ジャック アンド ベティ　25

「ジャックとベティが住む家、広い芝生や教室、いかにも明るい理想的な家庭。そんな絵をみてアメリカの豊かな生活を想像するのが楽しかった。」(柳瀬尚紀、前掲書)

また、俳優の山口崇は、

「ジャックは半袖のシャツにネクタイ。ベティのほうは日本の女の子が正月でもきられないようなしゃれた服。どう動くのか皆目見当もつかない洗濯機や掃除機。植樹日のことなど、どこをどうひねっても僕には想像もつかなかった。

・・・中略・・・

だから「Jack and Betty」をみた時、この現実とのギャップにとまどう気持ちと、まるで天国からきた少年少女のような二人が新鮮で驚くべき世界を見せてくれたような気持ちもした。今までの白黒世界がいっぺんに総天然色になった、という印象があったのを覚えている。」(柳瀬尚紀、前掲書)

と、服や電気洗濯機・電気掃除機などの家庭電化製品を挙げながら「夢のような国アメリカ」のイメージを抱いていたことを述べる。

当時の生徒たちが『ジャック アンド ベティ』の印象を語る上で何を指標としてあげているか整理してみると、ベティの広い芝生やテニスコートのある家、彼等の服や食べ物、さらに、車や電気洗濯機・電気掃除機などの家庭電化製品といった物質的なものに他ならない。このような物をシンボルとして捉え、そこから「豊かな国アメリカ」をイメージして語っているのである。『ジャック アンド ベティ』に広が

る明るい世界、それは物の豊かさに支えられた生活であり、その生活をあこがれの生活として心に強く焼きつけたのである。

　ただし、『ジャック アンド ベティ』からこのような印象をより強固なものへと導くものとして挿し絵があった。翻訳家の小沢が豊かな生活と見てとったベティの家にしても、俳優の山口が語るジャックとベティのしゃれた服にしても、挿し絵から捉えたものである。成蹊小学校5年生時に学んだという俳優の山本圭は、モダンで新鮮な挿し絵に強く印象づけられたことを次のように語る。

　「『JACK and BETTY』の教科書は I am a girl. や This is a pen. という英文があると、うしろに女の子やペンの挿し絵がついていました。この絵がバタくさくて新鮮だったのを覚えています。」（開隆堂出版編、前掲書）

　現在、教育現場で活躍する新妻紘は生徒として『ジャック アンド ベティ』の教科書を手にしていた当時の授業風景を振り返る。

　「頁ごとに夢をかきたてるような挿し絵があり、自分のその時の気分に応じて色鉛筆で挿し絵をぬりつぶしていました。
　先生が授業の中で、教科書の内容の説明以外に、挿し絵についてのコメントや、御自身が読書から知り得たアメリカに関する情報を語るたびに、いつもはおしゃべりな級友の女生徒が、静まりかえっていた様子が今でもなつかしく思い出されます。」（開隆堂出版編、前掲書）

このように挿し絵からアメリカの情報が強く発信され、生徒たちがそれに対してどれほど関心を寄せていたかがわかる。教科書に登場するダイニングや a washing machine として示された洗濯機を食い入るように見ていたのであろう。
　ところが、服装と洗濯機や掃除機などの「家庭電化製品」に目が注がれたとする強い印象とは異なり、翻訳家の青山南は、

「記憶に自信がない。JACK AND BETTY が教科書だったような気もするし、そうでなかったような気もする。」(柳瀬尚紀、前掲書)

と、教科書名の記憶すら揺らいでいる。すると、教科書の中身に違いがあるのではなく、教科書を手にする年代によって捉え方に違いがあるということであろうか。
　そこで、『ジャック アンド ベティ』についての思い出を語る人々の話をまとめてみることにした。年齢順に基づいて作成したものが表1である。『ジャック アンド ベティ』の教科書であったかどうかの記憶もさだかでない青山南は1949年生まれであり、1945年生まれの小栗康平にしても「不思議な、うれしい気持ち」と、ぼんやりとした感想にすぎない。それに対して、1949年の初版本『ジャック アンド ベティ』を手にしたと思われる1936年生まれの山口崇から1940年生まれの山本圭までは、アメリカのイメージ形成の指標も含めて語っているのである。個々人が語る『ジャック アンド ベティ』ではあるが、同じ『ジャック アンド ベティ』の教科書を手にしても、その出会いの時代背景によって明確に思い入れの差が存在することを示している。日本が1952年までアメリカの占領下にあったことだけではなく、敗戦後の日

本の経済及び社会状況という社会的背景によって、育ってきた子どもたちの教科書を見るまなざしが大きく影響を受けた証でもあろう。

　ただし、指標を上げながら『ジャック アンド ベティ』の印象を述べる1949年から53年頃に中学生であった人々の表現を整理してみると、ベティの広い芝生やテニスコートのある家や食べ物に目がそそがれ、さらに車や電気洗濯機・電気掃除機などの家庭電化製品といった物質文明からアメリカの豊かな生活をイメージしていることは明らかである。このデータから、この年代層には個人という主観的印象ではなく、社会的にまとまった印象として捉えることができる。デュルケムが「社会現象を物として扱う」（É. Durkheim,『社会学的方法の基準』）ことから社会学の方法を説いたが、この年代層には印象を共有する社会意識が物のように存在していたということである。そして、アメリカン・ライフとは「モノの豊かさに支えられた明るい生活」として捉えられ、その生活をあこがれの生活として心に強く焼きつけたのである。

英語教科書『ジャック アンド ベティ』誕生

　同じ教科書とはいえ、時代によってその印象にズレが生じることを明らかにしたが、敗戦直後の日本においてはじめて民間から発行された英語の教科書『ジャック アンド ベティ』とはどのような内容が盛り込まれたものであったのか。誕生にいたる過程をも含めて探ってみることにする。

　戦後、復活した教科書検定制度によって、翌年使用される教科書の展示会が1948（昭和23）年7月に全国各地で開かれた。その当時の教科書採用は、府県採択でも地域採択でもなく教師が直接手にとって決

1 ST STEP　　43頁

2 ND STEP　　25頁

3 RD STEP　　1頁

3 RD STEP　　50頁

昭和24〜33年度用
Jack and Betty – English Step by Step の挿絵

表1 J&Bの思い出

名前	職業	生まれ年	印象	備考
山口崇	俳優	1936（昭和11）年	総天然色になった〈電気製品（洗濯機、掃除機）、植樹日〉	小説『ジャック・アンド・ベティ物語――いつもアメリカがあった――』
今野勉	演出・脚本家	1936（昭和11）年		小説『ジャック・アンド・ベティ物語――いつもアメリカがあった――』
堀川とんこう	TBSプロデューサー	1937（昭和12）年	生活の豊かさ〈Betty家のテニスコート、車、紅茶とパイ〉	
湯川れい子	音楽評論家	1939（昭和14）年	精神と肉体の飢えを満たす	
小沢瑞穂	翻訳家	*1940（昭和15）年	豊かな生活〈家、芝生、チョコ、アップルパイ〉	翻訳の原点としてのJ&B
枝川公一	エッセイスト	1940（昭和15）年	憧れのアメリカン・ライフ	イメージからアメリカの同世代は腕時計を持っているとの認識
亀海昌次	グラフィックデザイナー	1940（昭和15）年	ミルクバター的生活 アルファベットの合理性や虚構性	
山本圭	俳優	1940（昭和15）年	モダンな挿絵に強い印象	
大宅映子	評論家	*1941（昭和16）年	輝かしい憧れの対象	
柳瀬尚紀	翻訳家エッセイスト	1943（昭和18）年	現実のアメリカが光輝く未来	『ジャック&ベティ』の英語力で英語は読める
小栗康平	映画監督	1945（昭和20）年	不思議な、うれしい気持ち 個人の大切さ	
清水義範	小説家	1947（昭和22）年		小説『永遠のジャック&ベティ』
青山南	翻訳家	1949（昭和24）年	J&Bの教科書かどうか記憶があいまい	

注：表は資料（『JACK and BETTY あの日あの頃』1992年、柳瀬尚紀『ジャック&ベティ』の英語力で英語は読める』開隆堂出版、1987年）をもとに作成した。　＊　文脈から推定した生まれ年である。

堀川とんこう、今野勉『ジャック・アンド・ベティ物語――いつもアメリカがあった――』（開隆堂出版、1992年）はテレビドラマ化された。
〈1992年8月10日、17日 午後9時～10時 TBSテレビ放送にて放映　（スーパーバイザー：筑紫哲也）、再放送：1996年8月14日、15日 午後2時～3時〉

ジャック アンド ベティ　31

める学校採択であった。萩原恭平、稲村松雄、竹澤啓一郎の3名からなるはじめての民間人によってつくられた中学校英語教科書 *Jack and Betty – English Step by Step* は1948年に発行され、この展示会に提出されたのである。教科書展示会では、7種類の教科書が出品された。著者である稲村も自分たちの教科書がどのような目でみられるか気になって3つの会場に駆けつけているが、他の教科書と比べてみて、『ジャック アンド ベティ』は本の表題、題材の統一性、話し言葉への重点的配慮などで全く独創的な存在であるとの自負と確証を得たと述べている。そのことを裏付ける結果であろうか、『ジャック アンド ベティ』は全国の4割の学校で採用され、さらに翌年7月に行われた1950年度用教科書の展示会においては16種類の教科書の中から、教師による圧倒的な支持のもと、何と全国の8割の中学校で採用された。少なくとも約300万人の中学生が手にし、学んだ英語の教科書が『ジャック アンド ベティ』であったということである。

　現場の教師にも圧倒的な支持を集めた教科書、そしてその教科書で学んだ生徒たちに強く印象づけた『ジャック アンド ベティ』とはどのような編集方針のもとに創られたのであろうか。その点に注目してみることにしよう。

　1947年3月20日文部省が出した英語科の指導要領試案の第一章で英語の目標が述べられているが、その要点は次のようなものである。

　　一、英語で考える習慣を作ること。
　　　英語を学ぶということは、できるだけ多くの単語を暗記することではなくて、われわれの心を、生まれてこのかた英語を話す人々の心と同じように働かせることである。

この習慣（habit）を作ることが英語を学ぶ上の最初にして最後の段階である。
二、英語の聞き方と話し方とを学ぶこと。
　　英語で考えることを学ぶためには、だれでも、まず他人の話すことの聴き方と、自分のいおうとすることの話し方を学ばなければならない。聴き方と話し方とは英語の第1の技能（primary skill）である。
三、英語の読み方と書き方とを学ぶこと。
　　われわれは、聴いたり話したりすることと、読んだり書いたりすることができるようにならなければならない。読み方と書き方とは英語の第2次の技能（secondary skill）である。そして、この技能の上に作文と解釈の技能が築かれるのである。
四、英語を話す国民について知ること、特にその風俗習慣および日常生活について知ること。
　　聴いたり話したり読んだり書いたりする英語を通じて、われわれは英語を話す国民のことを自然に知ること（information）になるとともに、国際親善を増すことにもなる。

「読み」「書き」「話す」こと以外に、「英語で考える習慣を作ること」、「英語を話す国民について知ること、特にその風俗習慣および日常生活について知ること」と、英語を母国語とする人々の生活習慣を基盤に据えて英語を学ぶという方向が示されている。
　英語科の指導要領試案が示されたその年は、文部省から国定教科書として *Let's Learn English* が出版された年でもあった。*Let's Learn English* は、第1巻の第1課が "I am Tom Brown." からスタートし、

トム個人から家庭生活へと進んでいくストーリー展開で構成されていた。『ジャック アンド ベティ』をつくるにあたって大きな影響を与えた教科書として、稲村は次のように語る。

> 「第一巻は完全に Tom Brown を中心とし、その周辺を二つの輪で囲んだような形で終わる。私は Let's Learn English の第一巻を読んだとき、トムという小石を池に投げこんで、それを中心に二重の波紋ができたというイメージを頭に浮かべた。」（稲村松雄、前掲書）

　文部省による方向性に同調しながら斬新な教科書の編集を模索した著者たちは、口語英語の形態をとることを基本とし、Let's Learn English からヒントを得て、Tom Brown という一重の波紋ではなく二重の波紋が拡がる形のＡとＢとの対談形式を軸とした。特に稲村は戦前からデューイの提唱するコア・カリキュラムに傾倒していたため、知識のために知識を学ぶのではなく、教科のワクを超えた社会生活の中で起こる現実の問題を総合的に学ぶような教科書を目指した。その基本構想としては、第一巻から第三巻に統一性を与えながら、学ぶ生徒と同世代である主人公の男生徒Ａと女生徒Ｂが春夏秋冬の四季の移り変わりにあわせて体験する身近な出来事を通して、日本の生徒たちがアメリカの社会生活を学ぶといった教科書に仕立てあげることであった。テクニカルな面では、表現の母体となるアメリカの風俗習慣を盛り込むことに重点をおきながらも、当時の国内の混乱から暗い話題を入れないこと、また本文理解の助けとして挿し絵を入れることなどについて配慮した。

　ところが、このような構想を抱いた著者たちはアメリカだけでなく

イギリスにも行ったことがなかった。そのような状況では、アメリカの同世代の生徒たちがどのような生活をしているのかといった現実の様子はおろか、その背景となる風俗習慣すら不確かなものとして描いてしまう恐れがあった。アメリカの中流家庭の生活を念頭においていた著者たちにとって、直接実際のアメリカ生活が聞ける親交のあるアメリカ人がぜひとも必要であった。運良く、著者の一人である竹澤がシカゴ近郊のエヴァンストン出身のアメリカ軍将校と親交があって、その将校からエヴァンストンがシカゴに仕事を持つ中流家庭の人が多く居住していると聞いていた。直接将校から聞ける絶好のチャンスという竹澤の提案で、地域設定はシカゴ近郊エヴァンストンに落ち着いた。主人公の名前については、最初、主人公は Andy と Betty で進行しており、教科書のタイトル名も『アンディ アンド ベティ』であった。ところが、教科書作成にかかわって稲村と親交のあった静岡民生部長レートン・ホーナーから「リズムが悪い」との指摘を受けて、即座に口から発せられたのが「Jack and Betty」であった。それがタイトル名の決まった瞬間である。もしも、この指摘がなかったならば、ジャック・アンド・ベティ世代はアンディ・アンド・ベティ世代ということになっていたことになる。

　かくして、シカゴ近郊のエヴァンストンに住み、シカゴの工場で働く技術者を父とする少年ジャックと、シカゴの商店主を父とする少女ベティとを中心に、当時のアメリカの学校及び中流家庭生活を表す教科書が誕生したのである。

実際の『ジャック アンド ベティ』

　『ジャック アンド ベティ』を手にすることで、「物質文明に基づく

豊かな国＝アメリカ」のイメージが結晶化され、そしてあこがれの生活へと導かれる当時の生徒たち。ところが、このような結果を招いた著者である稲村たちが、「物質文明に基づく豊かな国＝アメリカ」を強く賛美する気持ちでもって『ジャック アンド ベティ』を著わしたとする記述はみられない。稲村たちの意図は英語教育を大前提として、ジャックとベティという二人の主人公によるアメリカの風俗・習慣を盛り込んだ家庭生活と学校生活を描いたと述べている。そうであるならば、『ジャック アンド ベティ』の教科書を手にした生徒たちが『ジャック アンド ベティ』から受けた印象と一致しないのではないか。それとも、著者たちは無意識に「物質文明に基づく豊かな国＝アメリカ」を賛美する内容を盛り込んでいたのであろうか。

そこで、実際の『ジャック アンド ベティ』の教科書の内容と、生徒たちが強く印象に残ったものを比較検討してみることにする。その作業を通して、著者たちが意図したものと生徒たちの『ジャック アンド ベティ』の印象にズレがあるならば、『ジャック アンド ベティ』から受けた生徒のアメリカの印象は著者たちにとって「意図せざる結果」であったということが明らかになるであろう。

このような検証にむけての問題設定は、R. K. マートン（R. K. Merton、『社会理論と社会構造』）の「顕在機能（manifest function）」と「潜在機能（latent function）」によるものである。R. K. マートンはインディアンのホピ族が行う「雨乞いの儀式」を例にあげながら、これらの概念を説明する。ホピ族は「雨乞い」の儀式として踊りを行う。この踊りの儀式は雨が降ることを意図して集まり祈るものである。しかし、雨が降るまで続けられる「雨乞いの儀式」の結果、雨が降る降らないの問題とは別個に、部族が集まってこの踊りの儀式を行ったこ

とで部族としてのまとまりを強めることになる。このような雨乞いの意図とは異なる部族の凝集性を高めた結果を「潜在機能」と名づけ、そして意図に合致して雨が降った場合を「顕在機能」と名づけた。なお、社会的行為としての意図を介したこの概念は、「顕在機能」を「意図した結果（intended consequences）、「潜在機能」を「意図せざる結果（unintended consequences）」とも呼ぶ。

　コア・カリキュラムのもとに、同世代の少年少女の生活からアメリカの社会生活を学ばせようとした著者たちの方針から、Lesson 1は"I am a boy. I am Jack Jones."で始まり、次のページは"I am a girl. I am Betty Smith."となっている。著者たちは、特に言語表現を生む母体となった風俗・習慣を知らせようとの目標をもっていた。その表れであろう。感謝祭を採り上げた三巻の一四課 THANKSGIVING DINNERでは、食事前におけるキリスト教の祈りが書かれてある。

　　When all had taken their seats, Mr. Smith gave the blessing:
　　"We thank thee, our Father, for this food and for all good things with which thou hast blessed us. Amen !" ＊（萩原・稲村・竹澤『*Jack and Betty – English Step by Step*』）

　会話を示す" "文にはキリスト教の祈りとして特別に表現されるtheeやthouの語が挿入されている。そして、生徒に理解しにくいとの判断があってのことからか、注として＊の記号が示され、欄外に次のような文が添えられている。

　　＊"We thank you , our Father, for this food and for all good

things with which you have blessed us. Amen !"（前掲書）

　このような宗教的な祈りまでをも忠実に紹介しようとする構成は、著者たちの強いリアリティを持ったアメリカの生活習慣を伝えようとする使命感の表われと理解する他ない。では、生徒たちが強く印象づけられた食べ物、そして家庭電化製品及び車といったものはどのように取り扱われていたのであろうか。科学技術に関して言えば、三巻の五課 MODERN FARMING MACHINES において、アメリカの近代化された農業が紹介されている。

"That's a combine. It is called a combine because it does both reaping and threshing at the same. It combines the two types of work, you see? It can be operated by one man."（前掲書）

　このような文章からの比較だけでは著者たちの意図と生徒たちの印象のズレを明確にできない点が多い。そこで、3年間のレッスンのテーマを分類分けし、取り扱われた内容量を検討することにした。その表がAである。コア・カリキュラムの一環とのことで学校と家庭を題材にした課は12と8ということであわせて20と多いのは理解できるが、それにしてもクリスマスやリンカーンといったアメリカの年中行事・祝祭日を扱った課が最も多い14もあり、総レッスンの18.9％を占めているのである。

　生徒たちが印象を語る上でとりわけ挿し絵に目が注がれていた。挿し絵についても三巻（3学年）にわたって分類分けし、その登場回数をカウントした。その表がBである。挿し絵は全部で145登場した。

最も多かったのは生活道具の43、そして次に家庭に関するもの39と、これらは家庭生活に関するものとして見なすことができよう。次に多かったのは学校の15となる。家庭生活と学校の多さについては、レッスンとして取り扱われた表とも照らし合わせると、著者たちの意図したコア・カリキュラムの方針がそのまま表われたものとして説明がつく。挿し絵においては3位に位置した「年中行事・祝祭日」は16であり、生徒たちに強く認識された「食べ物」の9、「乗り物」の6、「家庭電化製品」の3を超えている。

　レッスンでの扱いと挿し絵を数量化して『ジャック アンド ベティ』を見た。そのデータから言えることは、決して生徒たちが強く印象づけられた「食べ物」や「乗り物」、「家庭電化製品」が、それに見合う形での量的扱いをされていないということである。さらに、1936（昭和11）年生れで、初版の『ジャック アンド ベティ』の教科書の使用でしか考えられない山口崇が述べる「どう動くのか皆目見当もつかない洗濯機や掃除機」について言えば、挿し絵の2巻でたった一度登場するだけであり、掃除機に関して言えば挿し絵はなく、単語すら登場しないのである。

　これらのデータ分析から、著者たちの意図とは異なって、『ジャック アンド ベティ』の教科書を手にした生徒たちは「豊かな国＝アメリカ」が描かれた教科書として受けとったのである。

著者と学んだ生徒とのズレ

　データから、アメリカにおけるキリスト教や歴史的人物に関わった年中行事や祝祭日といったものが色濃く盛り込まれ、「キリスト教を中心とした風俗習慣」に重きが置かれていることが読み取れる。それ

表A 『ジャック アンド ベティ』のレッスンのうちわけ

	1年	2年	3年	合計	
年中行事・祝祭日	1	5	8	14	18.9%
学校	6	6	0	12	16.2%
家庭	7	1	0	8	10.8%
食事	2	0	1	3	4.1%
科学技術	0	2	1	3	4.1%
総レッスン	30	24	20	74	

＊　総レッスン量には他の分類に入るレッスンも含まれている。

主なレッスンの内容
　1年　年中行事・祝祭日（クリスマス1）食事2（ティ1　朝食1）
　2年　年中行事・祝祭日5（洗濯日1、コロンブスデイ1、
　　　　クリスマスの休日1、ワシントン1、ワシントンと桜の木1）
　　　　科学技術2（ラジオ1　オートモービル1）
　3年　年中行事・祝祭日8（感謝祭とクリスマス4、植樹2、独立記念日1、
　　　　リンカーン1）
　　　　科学技術1（近代農機1）

表B 『ジャック アンド ベティ』の挿絵のうちわけ

1年トータル　67

学校	8	家庭	22	生活道具	27	食べ物	7	科学技術	3	年中行事等	2
学校	3	家族	13	テーブル	8	果物	3	スクーター	1	クリスマス	1
教室	4	ダイニング	4	机	7	昼食	1	車	1	リンカーン	1
時間割	1	リビング	2	食器	7	夕食	1	蓄音機	1		
		庭	1	自転車	2	飲み物	1				
		部屋	1	ソファー	2	ケーキ	1				
		台所	1	三輪車	1						

2年トータル　35

学校	7	家庭	11	生活道具	12	食べ物	1	科学技術	2	年中行事等	6
教室	4	家族	5	テーブル	3	飲み物	1	洗濯機	1	アメリカ地図	4
運動場	2	リビング	5	机	3			車類	1	コロンブス	1
読書室	1	部屋	1	ソファー	3					ワシントン	1
				のこぎり	2						
				食器	1						

3年トータル　43

学校	0	家庭	6	生活道具	4	食べ物	1	科学技術	4	年中行事等	8
		家族	2	テーブル	1	夕食	1	トラクター	1	アメリカ地図	3
		庭	1	机	1	(ターキー)		コンバイン	1	クリスマス	2
		ダイニング	1	食器	1			飛行機	1	植樹	1
		部屋	1	農具類	1			電話	1	感謝祭	1
		テラス	1							リンカーン	1

総トータル　135

学校	15	家庭	39	生活道具	43	食べ物	9	科学技術	9	年中行事等	16

は、著者たちがアメリカ英語を学ばせることにおいて「アメリカの生活習慣を紹介しよう」とする意図がダイレクトに表れた結果であろう。にもかかわらず、当時の生徒たちはそのようなアメリカの伝統的風俗・習慣には心を引かれることがなかった。ただ一人、山口崇が「植樹日」をあげながら「どこをどうひねっても僕には創造もつかなかった」と印象を語っているに過ぎない。このように、著者たちにすれば強い意図を持って「年中行事・祝祭日」を盛り込んだにもかかわらず、受け手である生徒たちはアメリカの「キリスト教を中心とした風俗・習慣」には関心を示さなかった。それゆえであろう、稲村松雄は、初版『ジャック アンド ベティ』が採用された十年後に『アメリカ風物誌』を出版している。稲村は出版の意図として次のように語る。

　「ある国の言語を正しく理解するためには、広い意味で、その国の文化を知る必要がある。ある程度の風物的知識は、その国の言語を習得しながら、その過程においておのずから得られるものである。
　私が萩原・竹澤両氏とともに中学高校の英語教材の編集を始めてから、すでに10年に近い年月が経った。特にJack and Bettyの編集に際しては、アメリカ中世部にすむ少年少女の日常生活を話題の中心としたため、その地方の人々の生活様式、風俗、習慣について知ることの必要を痛感した。多くの表現は、その表現を生む母体となった風俗習慣を知って、はじめて理解されるからである。
　たとえば、Easter, Thanksgiving, Labor Day などのことばを辞書でひいて見て、それぞれ「復活祭」「感謝祭」「労働者の日」などの訳語で理解しただけでは、これらのことばを含む文を、正しく理解できない。」

要約すれば、言語をマスターするにはその国の文化を学ぶ必要があるとして『ジャック アンド ベティ』の教科書に風俗・習慣を盛り込んだが、10年を経てその意図が十分に達成できていない現状に対してその意図を補う必要性から『アメリカ風物誌』を出版したのだということである。『アメリカ風物誌』の出版は『ジャック アンド ベティ』の教科書が自分たちの意図した目的を達成できなかったことを意味する。

　当時の生徒たちは、アメリカの「風俗・習慣」を理解させんがために取り扱った「年中行事・祝祭日」という著者たちの意図とは異なり、それほど多い回数で取り扱われてはいなかった「食べ物」や「車」「家庭電化製品」に目が注がれるという「意図せざる結果」となった。この「食べ物」や「車」「家庭電化製品」へのバイアスのかかった認識が、ジャックとベティの会話の背後にあるアメリカをイメージ化して強く心に焼きつけたのである。

バイアスのかかった知覚

　1949年から53年頃に中学生であった日本の若者たちは、『ジャック アンド ベティ』を「豊かな国＝アメリカ」が描かれたものとして捉えた。ところが、『ジャック アンド ベティ』を調べてみると、他の内容や挿絵に比較してそれほど多く取り扱われていない「食べ物」や「車」「家庭電化製品」に眼が注がれていたことが分かった。まして、俳優の山口崇に至っては教科書に描かれていない電気掃除機までもが記憶として刻まれていた。このようにデータから当時の生徒たちによるバイアスのかかった知覚が明らかになった。では、どうして著者たちの意図とは異なって、バイアスのかかった知覚に到ったのであろう

か。

　シンボリック相互作用論を展開するH. ブルーマー（H. Blumer,『シンボリック相互作用論』）の「指示（indication）」と「解釈（interpretation）」の概念をあてはめて考えてみることにしよう。教科書に提示されたすべての内容とイラストから、豊かさを示すシンボルを剥ぎ取るよう、読者個人内で「指示」がなされ、そして剥ぎ取られたシンボルをもとに「豊かな国＝アメリカ」としてその意味を「解釈」するプロセスへと至ったと説明することができる。もちろん、「指示」とは個人内相互作用として、その時代に存在する他者から取り込まれた期待が自己に対して具体的に提示するものであり、「指示」をもとに自己の状況から他者が示す反応と同じ反応を引き起こすことである。しかし、著者にはそのような読み手の反応を盛り込んだ教科書にする意図はなかった。それにもかかわらず、当時の生徒たちは一様に「豊かな国＝アメリカ」の印象を『ジャック アンド ベティ』から導きだしている。それゆえに、個人という限定されたものではなく、この時代においては生徒たち全体が著者たちの意図をも超え、「豊かな国＝アメリカ」を知覚し、解釈するような現象が存在したということである。加えて言うならば、当時の日本の社会の中に、そのように「指示」し「解釈」する現実があったのではないか、ということである。個々人に教科書から「食べ物」や「車」「家庭電化製品」を剥ぎ取らせて知覚させる「指示」を促す現実があって、そして生徒たちが同じ印象を抱いたことから相互により積極的な解釈へとつながったと考えられるのではないか。

アメリカ漫画『ブロンディ』

山口崇は、『ジャック アンド ベティ』の教科書の思い出を語る中で、『ブロンディ』漫画にも触れて次のように語っている。

> 「当時週刊朝日にダグウッドというニューヨークの漫画がのっていた。アメリカの平均的なサラリーマンを描いたもので、厚さが10㎝もあるサンドイッチが出てきた。パンの間にハムとかが何層も重なっているヤツでこれにも驚いた。なぜなら、パンもハムも食べたことがない。おかゆをすすり麦飯を食うのがあたりまえの少年にとってはサンドイッチを日常生活で食べる国ってなんてすごいんだろうと思うのが精一杯の反応だったのである。」（柳瀬尚紀、前掲書）

「ダグウッドというニューヨークの漫画」とは、チック・ヤング作によるアメリカ漫画『ブロンディ』のことで、敗戦の翌年である1946（昭和21）年6月より、1956（昭和31）年まで『週刊朝日』で連載されていた。なお、1949（昭和24）年1月1日からは『朝日新聞』にも連載されるようになり、1951（昭和26）年4月15日付まで続いた。『ジャック アンド ベティ』に存在しない電気掃除機までも記憶として刻まれていた山口は漫画『ブロンディ』もセットになっていたのかもしれない。いずれにしろ、漫画『ブロンディ』からもアメリカへの憧れを醸成していたようで、小説『ジャック・アンド・ベティ物語 ―いつもアメリカがあった―』（今野勉・堀川とんこう）においても、1949（昭和24）年当時を印象づけるシーンとして次のように描かれている。

みんなの興味は、研磨機よりも、信彦が進駐軍からもらってきた新聞に連載されている漫画『ブロンディ』に集中した。
　そこには、アメリカの平均的な家庭がおもしろおかしく描かれており、全員が特に注目したのは、電気掃除機の絵だった。
「おじさん、何なの？これ」
　勝雄の問いかけに、信彦は、研磨機のスイッチをきった。
「お前たち、何も知らないんだな。それは、電気掃除機だ」
「電気掃除機！」
　和子が信彦を見てかん高い声を上げた。
「電気でモーターを回して、中を真空にしてほこりを吸い取るんだ。こんな家だったら、一分で掃除できるんだぞ」
「へえ…すごい」
　今度は昭太郎以外の全員が声を出した。
「おじさん、見たことあるんですか？」
「うん、進駐軍のキャンプでね」
「アメリカ人の家に入ったことあるの」
「ああ」
「アメリカ人の家では、みんな電気掃除機を使っているんですか」
「電気掃除機だけじゃないぞ、たいていの家に電気冷蔵庫があるんだ…。これからはな、日本もだんだんそうなってくる。世の中は変わるぞ。俺たちだってがんばれば、アメリカと同じ生活を送れるようになるんだ」
　みんな、シンとなって信彦の言葉に聞き入った。そして、それぞれが、それぞれの胸にアメリカへの憧れをふくらませるのだった。

子供たちが電気掃除機に見入るこのシーンは、テレビ放映ではその電気掃除機が描かれた『ブロンディ』漫画を画面一杯に拡大されてながされていた。映像に登場した漫画とは1949年5月12日付の『朝日新聞』に掲載されたもので、ダグウッドがパーソナルチェアーに座ってくつろいでいると、娘のクッキーがあらわれて「おとうさんの髪の毛を真直ぐにしてあげてョ」と、電気掃除機で髪の毛をたたせたためダグウッドが放心状態になるストーリーである。
　この漫画『ブロンディ』にしても、『ジャック アンド ベティ』同様、読者が家庭電化製品をあげながら「豊かな国＝アメリカ」として強く印象を抱くものの、実際に描かれた『ブロンディ』はその印象に見合うほど登場しないのである（岩本1997年）。
　それにしてもこの小説からの引用文は子供たちが家庭電化製品に眼が注がれる様子をみごとに描いているが、あわせてアメリカの人々はすでにこのような家庭電化製品は持っていて当然であるということも含まれている。先に議論した H. ブルーマーの「指示」と「解釈」に依拠し、少し深めて議論すると、次のようになる。メディアや、大人たちの情報から得た「家庭電化製品にあふれた暮らし＝アメリカ」のイメージが作られ、イメージによる意識が先験的に構成された上で子供たちは『ジャック アンド ベティ』を手にした。だからこそ、「車」や「家庭電化製品」に眼が注がれるように「指示」され、剥ぎ取った知覚から「豊かな国＝アメリカ」として「解釈」し、再構成した。また、逆に『ジャック アンド ベティ』から剥ぎ取られたシンボルがメディアによって再確認されていくということもあった。社会が示すアメリカのイメージと自己のアメリカのイメージとが相互作用によって「豊かな国＝アメリカ」のイメージを拡大再生産していたのである。

1949（昭和24）年5月12日付　『朝日新聞』

事前の社会化

　バイアスのかかった知覚というものが、その後の日本の歩む方向にどのような影響を与えたかについて見ることにしよう。

　前節の小説引用文から、「家庭電化製品にあふれたアメリカの暮らし」を理想の姿として見つめる子供たちの姿を通して、その後の子供たちが目指すべき方向性も示唆していることが伺える。『ジャック・アンド・ベティ物語 ―いつもアメリカがあった―』（今野勉・堀川とんこう）の小説のストーリー全体が「アメリカ」を夢みて歩む主人公たちの姿を基調に描かれていた。昭太郎のアメリカのゴルフ場取得という意欲に代表されるように、『ジャック アンド ベティ』から受けた意識がその後の主人公たちの歩みの原動力となったわけである。引用のシーンに見られるような「家庭電化製品」への知覚は、『ジャック アンド ベティ』分析からもバイアスのかかった知覚と裏づけられたことから、当時の日本の生徒たちが小説の主人公のごとくバイアスのかかった知覚をしていたわけで、小説という虚構の世界で描かれたものとして切り離せない現実があったわけである。そのことからも、小説に描かれた主人公の歩む方向性は当時の生徒たちの方向性でもあったと推察できる。

　R. K. マートン（R. K. Merton, 前掲書）は、個人が現に所属している集団の規範より、その人が所属を望む集団の規範にあわせようとすることを「**事前の社会化（anticipatory socialization）**」と名づけた。我々は、日常的には現に所属する集団の規範に準拠してその規範を身につける。具体的な例で述べると、自分の周りにいる友人たちがルーズソックスを身につけていれば、同調して自分もルーズソックスを身につけたいと思う。このモデルとなる集団が「**準拠集団（reference** group)」というわけである。子供が親に向かって要求したい時によく使う言い方に「みんな持っているから買ってよ！」がある。客観的に見るとみんなが持っているわけでは決してないのにもかかわらず「みんな持っているから…」と親にねだる。その子の位置に立って考えてみると、自分が準拠する集団においてはみんなということに他ならないわけで、この子の世界では持っていないのは自分だけか自分も含めた少数であって、恥ずかしいという気持ちを抱くことになる。このような現実に同調すべき集団からその規範を身につけていく準拠集団とは異なって、まだ所属していないのにもかかわらず、あらかじめ目指すべき準拠集団の規範を身につけていく過程を指す概念が「事前の社会化（anticipatory socialization）」である。この概念については、D. リースマン（D. Riesman,『何のための豊かさ』）が1954年の夏に行ったクローガー食料財団の実験を引用して次のように説明する。

　数十人の十歳以下の子供たちをスーパーマーケットに連れていって、どんなものでもかまわないから二十種類の品物を無料で選ばせた。子供たちは、今すぐに食べたい西瓜だの、キャンデーだのを選び出したのだが、それだけではなく、小麦粉とか肉類とか野菜類とか、要するに彼等の母親たちが選びそうな品物を自分たちの買い物かごに放りこんだというのである。また、彼らは、予想されたほど、キャンデーや、アイスクリームを選ぶこともしなかった。

　この実験から、家庭やメディアを通じて、子供たちは大人としての行動を無意識に学んでいるもので、買い物という大人が行う行動をとらなければならない状況に置かれると、子供であるにもかかわらず大人としての行動をとるということが示された。このように、「事前の社会化」とは子供たちがあらかじめ将来所帯持ちになった時にとるべ

き態度というものを身につけていること、すなわち「社会化の先取り」を意味するものである。

「事前の社会化」は、また先に提示したG.H.ミード（G. H. Mead, 前掲書）が述べる「役割取得（role taking）」に該当するものとして捉えることもできる。自己にとって「**重要な他者（significant others）**」である母親や父親からその役目としての「役割取得」をしながら、大人としての「一般的他者（generalized other）」を身につけていく姿である。このように「事前の社会化」という過程が人生全体を見通すかたちで個人としての発達を可能にするゆえに生徒たちが何を先取りするかは大きな意味を持った。

では、主体的に取り組む姿勢についてはどうであろうか。

生徒たちが最初に学ぶ『ジャック アンド ベティ』の教科書の課の1ページ目は、"I am a boy. I am Jack Jones."で始まる形式がとられている。これは、コア・カリキュラムのもとに、同世代の少年少女の生活からアメリカ社会の現実の問題を総合的に学ばせようとした著者たちの方針によるものであった。このコア・カリキュラムの編集方針が当時の生徒たちに次のような影響を与えたのである。教科書を手にした生徒たちは、「I」という主体である男性ジャックと女性ベティから家庭、学校、社会と広がる世界は、新しい日本の歩みに足を踏み出そうとする男女それぞれの生徒たちに主体性を喚起するもであった。映画監督の小栗康平は「I」で始まった教科書から生じた思いを次のように語る。

「今でも英語を始めるとすぐに、アイ・アム・ア・ボーイというセンテンスがでてくるのでしょうか。ついさっきまで洟垂れ坊主だっ

た新米中学生には、私は少年です、と訳すことがわかりきったようで、ひどく馬鹿々々しいものに思えたものでした。でも、あらためてそういうことが、自分を大事にされたような気にもなり、急に大人たちの仲間入りをしたような、妙な恥じらいもそこにはあったように思います。」(柳瀬尚紀、前掲書)

小説『ジャック・アンド・ベティ物語 ―いつもアメリカがあった―』(今野勉・堀川とんこう)の主人公に見られるように、アメリカ人が所有しているであろうものを手に入れようとするベクトルが形成されたのである。その意味から言えば、著者たちの意図したコア・カリキュラムに基づく『ジャック アンド ベティ』の教科書は、映画監督小栗康平が述べるように、当時の生徒たちに個人というものが大切にされ、社会を主体的に切り開く個人として受容され、個々に形成されていたのである。バイアスのかかった知覚からであったにせよ、読者が心に刻み込んだ主体的な歩みについては、著者たちが『ジャック アンド ベティ』に意図的に盛り込んだものである。それゆえ、著者たちの「意図した結果」、すなわち「顕在機能」を果たしたものと言えよう。

戦後日本のアメリカニゼーション

「ぼくは英語が好きであった。教科書の『ジャック・アンド・ベティ』は、ほとんど暗記していた。英語の文章の向こうに、アメリカの生活を思い描いていた。文章もイラストも、憧れのアメリカン・ライフを空想するための道具であった。

すでに、そのころ、ミシガン州の少年と文通していた。ジムとい

うほくと同年の子で、ディア・ジムが、ハーイ・ジムになっていった。あのころの興奮は、いま思い出しても、胸が熱くなる。

彼は、ミシガン湖に近い町に、昔もいまも、住んでいる。彼の町の対岸がシカゴで、そこにはジャック・ジョーンズが住んでいる。

・・・中略・・・

初めての腕時計のことも、勇躍して、ジムに報告したが、彼は自分は持っていない、と書いてきた。幸せなアメリカの少年が腕時計をしていない―これも不思議であった。」（柳瀬尚紀、前掲書）

上述の文はエッセイストの枝川公一が書いたものである。個人として、主体的に生きる姿勢を育む生徒たちではあったが、そのモデルがアメリカにあったためにアメリカ人が欲する、身につけるもの、食べ物、道具は、手に入れたいとする欲望を醸成させていた。アメリカの占領下にあって、アメリカ人を現実に見ていたとしてもその多くは軍人であり、彼等の日常生活はメディアか大人の話を介した情報でしかなかった。それゆえ、アメリカは身近にしてその実態は自己の頭に描かれたイメージでしかなかったのである。人間は自己の姿を見るうえで「鏡」を必要とするように、自己がどのような性格であり、どのような存在であるのかは他者との関係によってしか理解することができない。C. H. クーリー（C. H. Cooley, 『社会と我』）は「鏡に映る自己（looking-glass self）」の概念でもって、他者に自己が写しだされてはじめて自己を知ることができるとした。戦後の日本の人々の意識をこの概念に照らしてみると、以下のように考えられるのではないか。日本の人々は頭に描かれたアメリカというイメージ像を築きあげ、そのイメージ像に自己を映した。そのイメージ像としてのアメリカがどの

ように日本を評価するかをもまたイメージ化していたのである。食べ物も、服も十分ではなく、電化製品や車のない、貧しい国日本の姿が映しだされたであろう。とはいえ、衣・食・住に関してならば敗戦と言う結果がもたらす飢えゆえに映し出されたものと了解できるわけであるが、家庭に浸透する電化製品や車のない日本の姿までもが映しだされた。それはイメージのアメリカ像には家庭電化製品などが浸透したものとして描かれ、そのアメリカが「遅れた国＝日本」という評価をするものとの読みが含まれていたからに他ならない。だからこそ、モデルであったアメリカの人々が所有しているもの、所有しようとする品を手にいれなければならなかった。枝川が「腕時計」をやっとの思いで手に入れたのに、同年のアメリカのペンフレンドは身につけていなくて、不思議に思ったとする上述の引用文は、イメージによって描かれたアメリカから自己を映しだし、アメリカに良き評価を得んがため主体的に追いつこうとした姿を象徴的に物語るものである。

　R. ジラール（R. Girard,『欲望の現象学』）は、欲望の主体はモデルが欲望を抱いている対象を模倣して、同じ対象をも手に入れようとする欲望が発生することを基本図式として描いた。モデルとする客体がモデルであるがゆえに、その客体が求めるものをも模倣するという欲望のメカニズムである。主体が求める対象物が希少性を持っていれば、当然その対象物をめぐって模倣する主体側にモデルである客体が大きく立ちはだかることになる。これが R. ジラールの**モデル＝ライバル論**である。

　モデル＝ライバル論を個人から国に転換して議論してみることにすると以下のようになる。後の日米経済摩擦のように、モデルが立ちはだかるようになるのは、経済という同じ土俵の上にモデルとおなじよ

うに存在していることが必要条件となる。敗戦によって仕切り直されたアメリカと日本の関係においては、アメリカが日本にとってライバルとして立ちはだかる以前の外部的モデルとしてのアメリカでしかなかった。ただ単にアメリカ人が欲する対象を日本人である個々人も欲する姿でしかなく、モデルとの距離があったために、欲望の達成を妨害する事態は生じない基本的な段階にすぎなかった。それゆえ、当時の日本の人々はただただアメリカ人のようになりたかったのである。ただし、それはイメージとして描かれたアメリカ人に過ぎなかった。『ジャック アンド ベティ』からイメージが示すシンボルが眼に入り、そしてその知覚がまたイメージを膨らませていたわけで、敗戦直後の中学生がこの教科書を手にして戦後の日本を築く原動力となったのである。その意味から言えば『ジャック アンド ベティ』はアメリカのイメージにリアリティを与える上で大きな役割を果たしたということである。

おわりに

　本書の狙いは、今なお「戦後」という言葉を引きずりながら歩む現代日本の、その原風景ともいえる敗戦直後にスポットを当て、そこからアメリカの影を意識する現代日本を照射することによって、現代を理解する手がかりを探ろうとするものである。

　大正時代に進歩的知識人が衛生的かつ進歩した飲み物としてコカ・コーラを手にしたのにもかかわらず大衆には定着しなかったコカ・コーラが、どうしてアメリカを敵にまわし敗れた戦後に到って大衆にまで裾野が拡がったのか。言い換えれば、人の嗜好までもが時代や社会的背景によって変わるものなのか、という"こだわり"としての社会学的関心を紹介することからスタートし、現在も強い印象を受けたとする中学英語の教科書『ジャック　アンド　ベティ』をとり上げ分析することから、「敗戦直後のアメリカ文化へのまなざし」を明らかにしてきた。

　戦中の英語の教科書が神国日本における内容をただ英語におきかえていたように、人々全体がその思想信条に呪縛されていた。敗戦がもたらしたものは、その呪縛を解きほぐしたことである。その解き放たれるインパクトがあったがゆえに、教科書の中身もアメリカ人の少年少女が主体的に社会の扉をあけながら歩む姿として描かれ、手にした生徒たちも主体性を身につけていくことにつながった。鬼畜米英のスローガンのもとに戦った当時の人々のアメリカに対する意識を敗戦が一変し、個として放たれた主体性はアメリカに対するあこがれとなるに至った。分析の結果、頻度や内容量の多かったキリスト教に関連す

る「年中行事」や「祝祭日」に比較して、それほど多くとり扱われていなかった「食べ物」や「科学技術」に対するバイアスのかかったまなざしが浮き彫りにされた。そのアメリカへの偏った知覚をもとに形成されたアメリカが、モデルとなって、戦後の日本はスタートを切ったのである。『ジャック アンド ベティ』の教科書は、このような敗戦直後における日本の人々の意識が鮮明に浮き彫りにされるシンボル的存在であった。このようなことから、「敗戦直後のアメリカ文化へのまなざし」を分析することは、戦後のアメリカ文化受容のスタートを明確に捉えることにつながるものと言えよう。

　本書では、限られた紙幅にもかかわらず、社会学への興味関心を抱いてもらおうとする欲張った目的が込められていたため、分析においても社会学理論においても不十分さは否定できない。当時の人々がどうして「家庭電化製品」などの科学技術にバイアスのかかった知覚を抱いたか、という社会的背景はまったくといって触れていない。また、そのような社会的知覚が生じるメカニズムの解明の際に力の作用があったのかどうか、あったとすればどのようなものか、についても触れてはいない（拙稿、1997. 1998. 1999. 2000a参照）。さらに、薄っぺらで限られた社会学理論の紹介にとどまってしまった。このような不十分さについてはまた別の場で明らかにしたい。

あとがき

　本書は「戦後日本におけるアメリカニゼーション－JACK AND BETTY を通して－」(『関西学院大学社会学部紀要』第83号、1999年)、「ジャック アンド ベティ－敗戦直後のアメリカ文化へのまなざし－」(『メディア史研究』vol. 9 ゆまに書房、2000年) として発表した論文をもとに、大幅に修正・加筆したものである。狙いの一つに社会学への興味関心を抱いてもらうことがあったゆえ、書全体の展開は『ジャック アンド ベティ』から敗戦直後の日本の人々のアメリカへのまなざしを浮き彫りにすることに焦点を絞ったものである。

　三年前、宮原浩二郎先生から「まとめてみないか」とお声をかけていただいてからこんなにも時をかけてしまいましたが、先生によってこのような機会を得ることができましたこと、ありがたく思っています。また、森真一先生、阿部潔先生には多くの御助言をいただきました。

　それにしましても、本書がこのように刊行にたどりつけることができましたのは、根気よく御指導していただいた高坂健次先生のおかげと心より感謝しています。先生のお力がなければ、まとめることはおろか、おそらく研究の道も閉ざされていたことでしょう。そして、高坂先生夫人ユリ様のお声がけは、いつも私の心に潤いを与えていただきました。どれほど励まされたことでしょう。

　最後になりましたが、開隆堂出版社には『ジャック アンド ベティ』に関する資料の引用を快諾していただきありがとうございました。また、『ブロンディ』につきましても、快く許可していただいた版権元

であるキング・フィーチャー・シンジケート社に厚くお礼を申し上げたい。

参考文献

朝日新聞社編
　　『日本とアメリカ』朝日新聞社、1971年
石毛直道「衣と食と住と」祖父江孝男編
　　『日本人はどう変わったのか　戦後から現代へ』NHKブックス、1987年
井出孫六
　　『ルポルタージュ　戦後史』上　岩波書店、1991年
稲村松雄
　　『アメリカ風物誌』開隆堂出版、1959年
　　『教科書中心昭和英語教育史』開隆堂出版、1986年
Émile Durkheim,
　　Les règles de la méthode sociologique, Felix Alcan, 1895 (『社会学的方法の基準』宮島喬訳、岩波文庫、1978年)
海後宗臣・清水幾太郎編
　　『資料戦後二十年史　5　教育・社会』日本評論社、1966年
株式会社明治屋 創業100年史編纂委員会編纂
　　『明治屋百年史』株式会社明治屋、1987年
開隆堂出版編
　　「『JACK and BETTY』あの日あの頃」（復刻版付録ブックレット）、1992年
紀平健一
　　「戦後英語教育における *Jack and Betty* の位置」『日本英語教育史研究第3号』、1988年
今野勉・堀川とんこう
　　『ジャック・アンド・ベティ物語 ―いつもアメリカがあった―』開隆堂出版、1992年
清水義範
　　『永遠のジャック&ベティ』講談社、1988年
George Herbert Mead,

Mind, Self, and Society（Charles W. Moris, ed.）University of Chicago Press, 1934（『精神・自我・社会』稲場三千男・滝沢正樹・中野収訳、青木書店、1973年）

高梨健吉・出来成訓監修
『英語教科書名著選集』（第3期21巻〜29巻・別巻）大空社、1993年

Charles Horton Cooley,
Human Nature and the Social Orders, Charles Scribner's Sons, 1902（『社会と我』納武津訳、日本評論社、1921年）

鶴見俊輔
「物語漫画の歴史」『世界評論』1949年7月（鶴見俊輔『限界芸術論』勁草書房、1967年）

鶴見俊輔・亀井俊介
『アメリカ』文藝春秋、1980年

鶴見俊輔
『思想の落し穴』岩波書店、1989年

鶴見俊輔
「解説」『永遠のジャック＆ベティ』講談社文庫、1991年

David Riesman,
Abundance For What? : And Other Essays, 1964, Doubleday & Company（『何のための豊かさ』加藤秀俊訳、みすず書房、1968年）

東京コカ・コーラ　ボトリング株式会社社史編纂委員会編
『さわやか25年』東京コカ・コーラ　ボトリング株式会社1983年

日本コカ・コーラ株式会社 社史編纂委員会編
『愛されて30年』日本コカ・コーラ株式会社、1987年

萩原恭平・稲村松雄・竹澤啓一郎
Jack and Betty – English Step by Step 開隆堂出版、1948年
（復刻版　高梨健吉・出来成訓監修『英語教科書名著選集』29巻　大空社、1993年）

萩原恭平・稲村松雄・竹澤啓一郎
Revised, Jack and Betty – English Step by Step 開隆堂出版、1953年

（復刻版 1992年）

Herbert Blumer,
Simbolic Interactionalism : Perspective and Method, 1969, Prentice-Hall. 後藤将之訳『シンボリック相互作用論　パースペクティヴと方法』勁草書房、1991年

柳瀬尚紀
「『ジャック&ベティ』の英語力で英語は読める　最強の教科書英語による英講座」開隆堂出版、1987年

安田常雄
「アメリカニゼーションの光と影」中村政則・天川晃・尹健次・五十嵐武士編『戦後日本　占領と戦後改革　第3巻　戦後思想と社会認識』岩波書店、1995年

山本明
『戦後風俗史』大阪書籍、1986年

吉岡忍
「ジーンズ」朝日ジャーナル編『女の戦後史2　昭和30年代』朝日新聞社、1985年

René Girard,
Mensonge romantique et vérité Romanesque, Grasset, 1961（『欲望の現象学　ロマンティークの虚偽とロマネスクの真実』古田幸男訳、法政大学出版局、1971年）

Robert K. Merton,
Social Theory And Social Structure, The Free Press. 1949, 1957（『社会理論と社会構造』森東吾・森好夫・金沢実・中島竜太郎訳、みすず書房、1961年）

著者略歴
岩本 茂樹（いわもと しげき）
1952年　兵庫県生まれ
1999年　関西学院大学大学院社会学研究科博士課程後期課程単位取得退学。
現在　　関西学院大学大学院社会学研究科研究員
　　　　神戸女学院大学文学部総合文化学科、追手門学院大学人間学部社会学科等で非常勤講師。社会学・社会意識論専攻。

論文　「ブロンディ（1）―戦後日本におけるアメリカニゼーション―」『関西学院大学社会学部紀要』第78号、1997年
　　　「ブロンディ（2）―戦後日本におけるアメリカニゼーション―」『関西学院大学社会学部紀要』第79号、1998年
　　　「戦後日本におけるアメリカニゼーション―JACK AND BETTY を通して―」『関西学院大学社会学部紀要』第83号、1999年
　　　「ジャック アンド ベティ―敗戦直後のアメリカ文化へのまなざし―」『メディア史研究』vol.9 ゆまに書房、2000年
　　　「社会問題の構成―定時制における補助金をめぐって―」『現代社会理論研究』第10号 人間の科学社、2000年

K.G.りぶれっと　No.5
『ジャック アンド ベティ』を社会学的に読む

2002年4月10日初版第一刷発行
2003年4月10日初版第二刷発行

著者　　　　岩本 茂樹
発行代表者　山本栄一
発行所　　　関西学院大学出版会
所在地　　　〒662-0891　兵庫県西宮市上ヶ原1-1-155
電話　　　　0798-53-5233

©2002 Printed in Japan by
Kwansei Gakuin University Press
ISBN:4-907654-41-3
乱丁　落丁本はお取り替えいたします。
http://www.kwansei.ac.jp/press